19, 80

Eva Rüscher

Fensterbilder

riesengroß

Die schönsten Ideen

Fensterbilder
riesengroß

Basteln und spielen – das
macht allen Kindern Spaß.
Zu Hause, im Kindergarten,
in der Schule.
Ein gutes Anleitungsbuch
gehört dazu.

Seit mehr als 30 Jahren steht
Christophorus für praxis-
bezogene Literatur
zur kreativen Freizeit.
Genauso wie dieser Band ist
jeder Titel aus dem
Christophorus-Verlag mit
viel Sorgfalt erarbeitet. Das
erklärt, warum unsere
Bücher jährlich so vielen
zufriedenen Lesern so viel
Spaß bringen.

CHRISTOPHORUS

Eva Rüscher

Fensterbilder riesengroß

Die schönsten Ideen

CHRISTOPHORUS

INHALT

Ein Rundgang durch das Jahr mit riesengroßen Fensterbildern

Liebe Fensterbilder-Freunde!

Die riesengroßen Fensterbilder erfreuen sich nun schon seit langer Zeit einer großen Beliebtheit und können stolz auf eine lange und erfolgreiche Karriere zurückblicken. Für dieses Buch habe ich meine schönsten Motive, die sowohl alten und wie auch neuen Fans viel Freude bereiten werden, ausgewählt und neu zusammengestellt.
Damit die Fensterbilder in Ihrer Wohnung – oder im Kindergarten, in der Schule, in Büros oder im Krankenhaus – immer aktuell sind, finden Sie Motive für alle Jahreszeiten. Innerhalb jedes Kapitels kann unter mehreren Vorschlägen ausgewählt werden; sicher findet sich für jeden ein passendes Motiv. Und wenn Ihnen keiner dieser Vorschläge zusagt, dann hat dieses Buch bestimmt Ihre Phantasie zu eigenen Gestaltungsideen angeregt – darüber würde ich mich besonders freuen. Deshalb finden Sie auch einige Anregungen für das Entwerfen eigener Motive in der Einleitung. Den Spezialisten sei gesagt, daß man durch Kombinieren der Motive zu eigenen Entwürfen kommt, vor allem, wenn man auch einmal den Zeichenstift zur Hand nimmt und zunächst Motivteile ergänzt.

Außerdem finden Sie in diesem Buch Fensterbilder in den unterschiedlichsten Schwierigkeitsgeraden – wenn man überhaupt von schwierig sprechen will. Schwierig sind diese Fensterbilder nicht, höchstens ein bißchen zeitaufwendiger. Viele bestehen aus ganz einfachen Formen, die auch leicht von Kindern nachgearbeitet werden können. Aber auch Fortgeschrittene in Bezug auf Fingerfertigkeit finden in diesem Buch viele neue Anregungen. Ich bin sicher, daß Ihnen die Beschäftigung mit den riesengroßen Fensterbildern viel Freude bereiten wird und wünsche Ihnen ein gutes Gelingen!

Ihre

TONPAPIER UND TONKARTON

Kaum ein Werkstoff steht uns in so vielfältiger Art zur Verfügung wie das Papier. Denken Sie an die verschiedenen Stärken vom Seidenpapier bis zum Fotokarton. Beeindruckend ist auch die Farbpalette sowie die Oberflächenbeschaffenheit von glatt bis strukturiert. Für die Motive dieses Buches benötigen Sie Tonpapier und Tonkarton; diese beiden Materialien unterscheiden sich in der Stärke. Tonkarton bekommen Sie im Handel von 100g/qm bis 180g/qm. Tonpapier und Tonkarton sind in der Papiermasse gefärbte Papiere, die deshalb auch an den Schnittkanten farbig sind.

Das normale Format bei Tonkarton und Tonpapier beträgt genau 50 x 70 cm. Einige der in diesem Buch beschriebenen Arbeiten gehen über dieses Format hinaus. Kleben Sie dann einfach zwei Bögen Tonkarton zusammen, oder besorgen Sie sich im Fachhandel Übergrößen, die allerdings häufig nur in Weiß lieferbar sind.

Eine Sonderrolle in der Verarbeitung bietet das lichtechte Tonpapier von Canson. Es ist mit 160 g/qm stärker als das handelsübliche Tonpapier und weist auf einer Seite eine schöne Struktur auf. Diese strukturierte Seite des Cansonpapiers sollte dem Betrachter zugewendet sein (siehe *Lämmchen am Zaun*).

BUNTPAPIER

Buntpapiere sind dagegen auf einer Seite farbig bedruckte Papiere. Die Arbeit mit diesem Papier erfordert viel Genauigkeit, damit Sie sich beim fertigen Fensterbild nicht über ungewollte weiße Ränder ärgern müssen. Das Regenbogen-Buntpapier ist ein einseitig bedrucktes Buntpapier mit fließendem Farbverlauf, dessen Schnittkanten weiß sind. Regenbogen-Buntpapier können Sie in Mappen mit zehn Blättern (23 x 33 cm) oder auf Rollen im Fachhandel kaufen.

DIE AUSWAHL DER FARBEN

Die Farbwiedergabe im Buch kann durch das Licht beim Fotografieren oder aus drucktechnischen Gründen leicht verändert wirken. Gehen Sie deshalb beim Einkauf der Tonpapiere nicht unbedingt von den Abbildungen dieses Buches aus. Ähnlich wie bei der Wollfärbung kann sich auch der Farbton bei der Papier-Neuherstellung verändern, so daß Sie gleiche Farbtöne oft schwer finden können. Auch die Farbtöne der verschiedenen Firmen können voneinander abweichen. Betrachten Sie dies nicht als Nachteil, sondern erweitern Sie damit die Möglichkeiten Ihrer Farbpalette. Wie wichtig eine möglichst große Auswahl von Farbtönen ist, zeigt Ihnen der Tulpenstrauß (siehe Seite 62). Sammeln Sie deshalb alle Reste, am besten sortiert in fünf Kartons (gelb, grün, blau, rot, schwarz-weiß-braun).

LAGERUNG

Lagern Sie das Papier dunkel, denn der Lichteinfall verändert den Farbton. Wirkliche lichtechte Papiere gibt es noch nicht, obwohl es schon gelungen ist, Material herzustellen, das dem Ausbleichen durch die Sonne länger und besser standhält als die herkömmlichen Papiersorten.

TRANSPORT

Beim Transport sollten Sie das Material nicht einrollen; es ist besser, wenn Sie eine genügend große Plastiktüte oder eine Mappe bereitlegen. Sollten Sie trotzdem einmal ein gerolltes Papier glätten wollen, so ziehen Sie das Papier langsam und gleichmäßig gegen die gerollte Richtung über eine Tischkante. Arbeiten Sie dabei vorsichtig, mit viel Gefühl, damit Sie keine Falten in den Bogen ziehen oder das Papier zerreißen.

Auf den eingelegten Vorlagenbögen finden Sie alle Vorlagen in Originalgröße. Um größtmögliche Klarheit zu gewähren, sind kleinere Musterteile manchmal dem Text und Bild im Buch zugeordnet worden.
Zum Übertragen der Vorlagen gibt es verschiedene Möglichkeiten. Sie können die Muster durchpausen. Sehr hilfreich ist dabei Kopierpapier für Schneider, das Sie im Textil-Fachhandel erhalten. In einer Packung finden Sie zwei Bögen der Größe 83 x 57 cm in Weiß und Gelb. Das Pauspapier ist mehrfach benutzbar und aufgrund seines Formates für die riesengroßen Fensterbilder gut geeignet.

Sie legen die Zeichnung des Vorlagenbogens auf ein passendes Stück Tonkarton oder Tonpapier. Dazwischen liegt das Pauspapier. Damit nichts verrutschen kann, befestigen Sie die Musterzeichnung mit einem Klebestreifen (siehe Abbildung links). Sie sehen die durchgezeichnete Form auf dem Tonkarton, dazwischen das Pauspapier (siehe Abbildung Seite 9). Beim Übertragen der Vorlagen mit Pauspapier müssen Sie immer darauf achten, daß Sie beim Schneiden die Pauslinien ganz wegschneiden. Sie lassen sich nicht ausradieren. Diese Schwierigkeiten können Sie vermeiden, wenn Sie folgende Möglichkeit der Übertragung wählen: Sie pausen das ganze Motiv auf einen großen Bogen Transparentpapier (oder Seidenpapier aus dem Textil-Fachhandel) durch. Auf die Rückseite der Zeichnungslinien legen Sie mit einem sehr weichen Bleistift (Nummer 4B) oder Graphitstift (aus dem Zeichen-Fachhandel) enge Schraffuren. Nun legen Sie die Transparentzeichnung auf den Tonkarton und befestigen sie am Rand mit Klebestreifen, damit nichts verrutscht, und fahren die ganze Zeichnung noch einmal nach. Durch die Schraffur auf der Rückseite bildet sich die Linie auf dem Tonkarton ab. Sie kann leicht ausradiert werden, wenn beim Schneiden Reste stehen bleiben sollten.
Für alle kleinen Musterteile ist es am günstigsten, wenn Sie sich Schablonen herstellen, die auch bei Gruppen-

arbeiten von Vorteil sind. Dazu legen Sie auf das Musterteil ein ausreichend großes Stück stabile Klarsichtfolie. Diese können Sie gut aus alten Geschenkverpackungen oder Verpackungsmaterial herausschneiden. Sie können auch stabile Klarsicht-Einsteckhüllen verwenden, die im Büro-Fachhandel erhältlich sind. Zeichnen Sie auf diese Folie die Form mit einem wasserfesten Folienstift ab. Nun schneiden Sie die Form aus der Folie und haben damit eine immer wieder einsatzfähige Schablone. Sammeln Sie diese Schablonen! Bald haben Sie einen Vorrat, der Ihnen ganz eigene Kompositionen ermöglicht.

HINWEIS
Die Materialien, die zum Übertragen der Vorlagen dienen, sind bei den Materiallisten der einzelnen Bastelarbeiten nicht eigens erwähnt!

Das Schneiden

Auch wenn Sie noch keine Übung mit dem Papier-
messer (Cutter) haben, sollten Sie es wagen, damit zu
arbeiten. Nach kurzer Zeit werden Sie feststellen, daß
der Cutter einfach, schnell und vor allen Dingen
sauber schneidet. Im Handel gibt es verschiedene
Modelle. Achten Sie beim Kauf darauf, daß der Cutter
gut in der Hand liegt. Halten Sie ihn wie einen Füller,
und achten Sie darauf, daß die Klinge gut einrastet.
Beim Schneiden sollte nur ein Teil der Klinge ausge-
schoben sein. Ist dieses Teil stumpf, so müssen Sie es
vorsichtig abbrechen. Im allgemeinen ist dafür bei
jedem Cutter ein kleines Hilfsgerät integriert. Sie
können dazu aber auch eine Flachzange benutzen.
Halten Sie das Messer dabei möglichst weit von sich
entfernt, um eine Verletzungsgefahr zu vermeiden.
Lassen Sie diesen Vorgang nie von Kindern durch-
führen!
Wenn Sie mit dem Messer schneiden, brauchen Sie
immer eine Unterlage. Das kann eine genügend große
stabile Pappe sein, wie Sie sie zum Beispiel auf der
Rückseite von Zeichenblöcken finden. Auch ein Stück
Linolplatte, wie sie für Linoldrucke benutzt wird, eignet
sich gut als Unterlage. Der Bürofachhandel bietet auch
sogenannte Schneidewiesen („cut mats") an. Diese
sind 3 mm starke Kunststoffplatten in DIN-Formaten,
deren Oberfläche sich nach dem Einschnitt wieder

schließt. Bei Keilschnitten, die bei kleinen Musterteilen
häufig entstehen, trennt das Messer den Einschnitt
selbst allerdings heraus. Zurück bleibt eine störende
Unebenheit. Der Nachteil dieser Platten ist der hohe
Anschaffungspreis.
Wenn Sie mit dem Messer schneiden, dann sollten Sie
für eine möglichst große Schneideunterlage sorgen
und sich so viel Platz schaffen, daß Sie während des
Schneidens das Werkstück mit der Unterlage ohne
Schwierigkeiten in die Schneiderichtung drehen
können.

Lassen Sie dabei die Spitze des Cutters im Werkstück stecken. So können Sie, ohne abzusetzen, weiterschneiden.

Schneiden Sie ökonomisch. Manchmal ist es von Vorteil, erst alle senkrechten und dann alle waagerechten Linien zu schneiden. Das erspart mehrfaches Drehen und Schieben des Werkstückes.

Nicht alle Teile lassen sich mit dem Messer schneiden. Besorgen Sie sich für sehr kleine Teile eine ganz feine Schere, am besten eine Nagelhautschere und eine Handarbeitsschere (Länge ca. 14 cm). Damit sind Sie bestens gerüstet.

Nehmen Sie das zu schneidende Teil in die Hand. Wenn das Papier doppelt liegt, fassen Sie die Faltkante an, da diese als letzte geschnitten wird. Sie hält Ihnen Ihre Werkstücke zusammen (siehe Abb. links). Beim Schneiden drehen Sie das zu schneidende Stück langsam in die weit geöffnete, sich langsam schließende Schere. Das ergibt saubere Schnittkanten (siehe Abb. rechts).

Das Befestigen

Diese riesengroßen Fensterbilder können Sie natürlich nicht mehr aufhängen. Befestigen Sie Ihr Werkstück mit durchsichtigem Klebefilm an der Fensterscheibe. Dabei müssen Sie alle Teile, die hervorklappen oder durchhängen können, befestigen. Wenn die Klebestelle fast unsichtbar sein soll, drehen Sie aus dem Klebefilm kleine Röllchen (Klebefläche außen), die Sie an allen notwendigen Stellen auf die Fensterseite des Werkstückes heften. Der Klebefilm kann sich durch starke Sonneneinstrahlung recht fest mit dem Glas verbinden. Wenn Sie einige Tropfen Pinselreiniger auf ein Tuch geben und kräftig reiben, lassen sich auch die letzten Reste des Klebefilms von der Scheibe lösen.

Wie die Einzelteile bei einigen Motiven zusammen-
gefügt werden, entnehmen Sie bitte der jeweiligen
Abbildung. Seien Sie nicht allzu genau dabei. Ihre
Phantasie weist dann dem Einzelteil den richtigen
Platz zu. Zum Ausstanzen kleiner Öffnungen
eignet sich eine Lochzange. Kleine
Papierpunkte für Augen können Sie auch
mit einem Bürolocher ausstanzen und
aufkleben. Geklebt wurden die Arbeiten
in diesem Buch mit UHU flinke flasche
– ausgenommen die dünnen Papiere
(Schrankpapier, Geschenkpapier).
Hier empfiehlt sich ein Klebestift,
z.B. UHU stic, der durch das dünne
Papier nicht durchschlägt. In den
folgenden Arbeitsbeschreibungen
wird nur der Klebstoff bzw. der
Klebestift erwähnt. Fassen Sie
umfangreiche Kleinteile eines Motivs
(zum Beispiel beim *Kinderbaum*) in
einem Briefumschlag oder mit einer
Büroklammer zusammen. Das erspart
langes Suchen und Zuordnen.
Fast jeder kleine Karton- oder Papierrest
kann irgendwann gebraucht werden.

Zum Aufbewahren nach Farbtönen eignen sich Illu-
striertenablagen aus Pappe, die nach oben geöffnet
sind (Büro-Fachhandel). Beim Lagern jedoch sollten Sie
diese zudecken, damit die Farben nicht bleichen.
Fragen Sie in Buchbindereien und Druckereien nach
Papierresten. Ihre Farbpalette wird dadurch sehr
bereichert!

Viele Formteile der Fensterbilder können für Sie den Grundstock für neue Kompositionen bilden. Ich möchte Ihnen das mit den Formen der Weihnachtsketten (Seite 83) einmal zeigen.

Kleben Sie die grünen Tannenbäume als Fries ins Fenster, und verteilen Sie darüber rote Sterne.

Oder kleben Sie abwechselnd Engel und Nikolaus, und dekorieren Sie mit Sternen aus Goldpapier.

Der Entwurf eigener Motive

An dieser Stelle möchte ich Ihnen einige Tips und Hinweise geben, damit Sie schon bald Ihre eigenen riesengroßen Fensterbilder entwerfen und herstellen können.

Halten Sie Ihre Ideen zuerst in einer kleinen Skizze fest. Dabei müsssen Sie schon einige Grundregeln be- achten. Einzelne Bildteile im Fensterbild müssen mit- einander verbunden sein, damit sie nicht heraus- klappen und eine gewisse Stabilität gewährleistet ist. Die Bildteile sollten so verteilt werden, daß ein optisches Gleichgewicht erreicht wird. Die Motive erfordern klare, einfache Formen und sollten möglichst wenig Binnenzeichnungen aufweisen.

Fertigen Sie nun eine genaue Zeichnung im Format DIN A4 an. Legen Sie in dieser Zeichnung auch die Farbverteilung fest. Lassen Sie diese Zeichnung auf eine Folie kopieren, die mit Hilfe eines Overhead-Projektors auf die gewünschte Größe gebracht werden kann. Mit einem geeigneten Kopiergerät können Sie auch die Zeichnung selbst vergrößern lassen.

Viele stark vergrößerte Formen müssen allerdings noch einmal nachgearbeitet werden, wenn der Entwurf nicht differenziert genug gestaltet war. Ihren ver- größerten Entwurf übertragen Sie auf Tonkarton und fertigen sich Schablonen an. Prüfen Sie anhand der Schablonen die Wirkung der Fensterbilder, bevor Sie die einzelenen Teile aus Tonkarton und Tonapapier arbeiten. Anregungen zu eigenen Motiven finden Sie z. B. in Bilder- oder Tierbüchern, Gratulationskarten oder auch in Kinder- zeichnungen. Wagen Sie sich an Ihre eigenen, ganz indi- viduellen Motive und setzen Sie Ihre Ideen mutig um! In jedem Fall werden Sie – sowohl bei der Her- stellung Ihrer eigenen als auch der Fensterbilder dieses Buches – viel Freude haben.

Märchen und Sa

MATERIAL
1 Bogen Tonkarton in Blau

HILFSMITTEL
Cutter

Motiv 1 auf Vorlagenbogen 1A

16

ANLEITUNG
Übertragen Sie das Motiv mit Hilfe des Vorlagenbogens auf den Tonkarton. Sorgen Sie für eine genügend
große Arbeitsfläche, so daß Sie Ihr Werkstück immer
mitsamt der Unterlage in die richtige Schneiderichtung
drehen können.
Da die Kirchturmspitze wenig Verbindung zum Rand
hat, sollten Sie diese zuletzt schneiden, damit nicht
versehentlich Risse entstehen.

Rumpelstilzchen

MATERIAL
1 Bogen Tonkarton in Rot

HILFSMITTEL
Cutter

Motiv 2 auf Vorlagenbogen 1A

ANLEITUNG
Übertragen Sie das Motiv vom Vorlagenbogen auf den Bogen Tonkarton.
Sorgen Sie für eine genügend große Arbeitsfläche, damit Sie das Werkstück mitsamt der Unterlage in die gewünschte Schneiderichtung drehen können.
Schneiden Sie zuerst das Rumpelstilzchen, dann die Feuerflammen und zuletzt die feinen Zweige um den Mond herum.
Dieses Fensterbild müssen Sie an mehreren Stellen am Fenster befestigen, da sonst Teile umklappen könnten.

Hase und Igel

MATERIAL
1 Bogen Tonkarton in Grün

HILFSMITTEL
Cutter

Motiv 3 auf Vorlagenbogen 1A

ANLEITUNG
Übertragen Sie das Motiv mit Hilfe des Vorlagenbogens auf den Tonkarton.
Schaffen Sie sich eine genügend große Arbeitsfläche,
damit Sie Ihr Werkstück zusammen mit der Unterlage
immer in die gewünschte Schneiderichtung drehen
können.
Beginnen Sie an der stabileren Seite des Hasen mit
der Schneidearbeit, und arbeiten Sie sich langsam zum
Igel vor. Achten Sie darauf, daß die Verbindung der
letzten Tanne zum Baum des Igels nicht reißt.
Dieses Fensterbild müssen Sie an mehreren Stellen am
Fenster befestigen, damit kein Teil hervorklappen kann.

Große und klein

Katzenmutter mit Kätzchen

MATERIAL
Tonkarton in Gelb

HILFSMITTEL
Cutter
Unterlage

Motiv 4 auf Vorlagenbogen 1A

ANLEITUNG
Diese quirlige Familie paßt genau auf einen Bogen Tonkarton. Die einfachen Formen lassen sich gut mit dem Cutter schneiden. Dabei sollten Sie nur der Stelle besondere Aufmerksamkeit widmen, die im Vorlagenbogen mit Pfeilen gekennzeichnet ist. Schneiden Sie diese Stelle bitte als letztes aus, damit sie beim steten Drehen und Wenden während des Schneidens nicht reißt.
Sie können die Katzenkinder auch einzeln ausschneiden und, im Schwerpunkt aufgehängt, untereinander befestigen. So erhalten Sie ein lustiges Mobile; dazu sollten Sie nur einige Katzenpfötchen ergänzen.

e Tiere

MATERIAL
1 Bogen Tonkarton in Weiß
1 Bogen Tonkarton in Gelb

HILFSMITTEL
Cutter
Schere
Lochzange
roter Filzstift
Bleistift

Motiv 5 auf Vorlagenbogen 1A

ANLEITUNG
Zeichnen Sie die Form vom Vorlagenbogen auf den Tonkarton. Wollen Sie einen reinen Scherenschnitt arbeiten – also ohne Bemalung der Füße und Schnäbel – dann müssen Sie die mit „x" gekennzeichneten Stellen ebenfalls übernehmen. Diese kleinen Einschnitte dienen der deutlichen Differenzierung der Formen von Schnäbeln und Füßen. Planen Sie allerdings eine Bemalung der Schnäbel und Füße, sollten Sie diese Einschnitte unbedingt weglassen.

Schneiden Sie zuerst den Kreis grob zu, dann alle Innenformen, am besten mit dem Cutter. Mit der Lochzange stanzen Sie verschieden große Augen.

Füße und Schnäbel können Sie mit einem roten Filzstift bemalen. Wenn Sie eine Seite bemalt haben, halten Sie diese an ein Fenster und zeichnen die zu bemalenden Teile der zweiten Seite mit einem Bleistift vor. So sind die bemalten Teile wirklich deckungsgleich. Das ist bei hellen Papieren, die lichtdurchlässig sind, wichtig.

Kleine Bären unterwegs

MATERIAL
Tonkarton in Beige und Brauntönen
Tonpapier in Weiß und Braun
Schrankpapier oder Geschenkpapier

HILFSMITTEL
Schere
Cutter
Unterlage
brauner Buntstift
weißer Buntstift
Klebstoff

Motiv 6 auf Vorlagenbogen 1A

BÄR MIT LOK
Nase, Mund und Augen werden aus doppelt gelegtem Tonpapier gefertigt, die Lok aus einem Rest Karton oder Papier. Das Motiv der Lok finden Sie auch auf dem Vorlagenbogen. Die Zehen und Krallen malen Sie mit einem braunen Buntstift an.

BÄR MIT PÄCKCHEN
Schneiden Sie Augen, Mund, Nase und Tatze aus doppelt gelegtem Tonpapier, die Schleife aus Schrankpapier. Befestigen Sie letztere mit einem Klebestift. Malen Sie am Schluß die Zehen und Krallen mit einem weißen Buntstift an.

VARIANTEN
Diese Bären-Motive können Sie auch gut weihnachtlich gestalten, indem Sie Dekorationsteile wie die Schleifen aus kleingemustertem Weihnachtspapier arbeiten. Zusätzlich können Sie die Bären noch mit weiteren weihnachtlichen Accessoires schmücken. Goldene Aufklebesternchen verstärken den weihnachtlichen Eindruck. Die Bären können als Einzelmotiv oder auch zusammen mit weiteren Bären als großer Fensterfries gearbeitet werden.

Bärenmutter mit Kind

MATERIAL
Tonkarton in verschiedenen Brauntönen und Rosa
Tonpapier in Weiß, Schwarz und Beige
Schrankpapier oder Geschenkpapier
evtl. Wellpappe für die Luftballon-Form

HILFSMITTEL
Schere
Cutter
Klebstoff
schwarzer Filzstift

Motiv 7 auf Vorlagenbogen 1A

ANLEITUNG
Die großen geschwungenen Formen der Bären lassen sich am besten mit der Schere ausschneiden, während sich für die Innenformen ein Cutter anbietet.
Die Bären schneiden Sie jeweils einmal aus Tonkarton. Für die Halsschleife eignet sich Schrankpapier oder bedrucktes Geschenkpapier. Zum Kleben solch dünner Papiere nehmen Sie am besten einen Klebestift; er schlägt nicht fleckig durch.
Das Gesicht des kleinen Bären wird auf beiden Seiten mit einem schwarzen Filzstift angemalt. Augen, Nase und Mund des großen Bären werden aus doppelt gelegtem rosa Tonpapier ausgeschnitten.
Gleiches gilt für die Fußsohlen. Dabei gibt es jeweils ein längliches Oval für den hochstehenden und ein breites Oval für den aufliegenden Bärenfuß.
Wenn Sie möchten, können Sie das Fensterbild durch einen Luftballon, z.B. aus Wellpappe, ergänzen.

Elefantenherde

MATERIAL
1 Bogen Tonkarton in Grün
2 Bogen Tonpapier in Grau

HILFSMITTEL
Cutter
schwarzer Filzstift
Bleistift
Büroklammern
Hefter
Klebstoff

Motiv 8 auf Vorlagenbogen 1B

ANLEITUNG
Schneiden Sie die Landschaft mit den Bäumen einmal
aus grünem Tonkarton aus.
Die Elefantenherde wird aus doppelt gelegtem Tonpapier geschnitten. Heften Sie dazu zwei Tonpapier-
bögen zusammen. Schneiden Sie bei der Elefantenherde zuerst die Linien im Innenbereich aus.
Die Umrißlinie darf erst zum Schluß ausgeschnitten
werden, damit Ihnen beim Schneiden nichts verrutscht. Die Elefantenherde wird nun von vorne
und hinten deckungsgleich auf die Landschaft
geklebt.
Mit einem schwarzen Filzstift zeichnen Sie Augen
und Ohren, wie aus dem Vorlagenbogen ersichtlich,
ein. Zeichnen Sie dabei erst die Linien mit Bleistift vor,
anschließend ziehen Sie diese mit
schwarzem Filzstift nach.

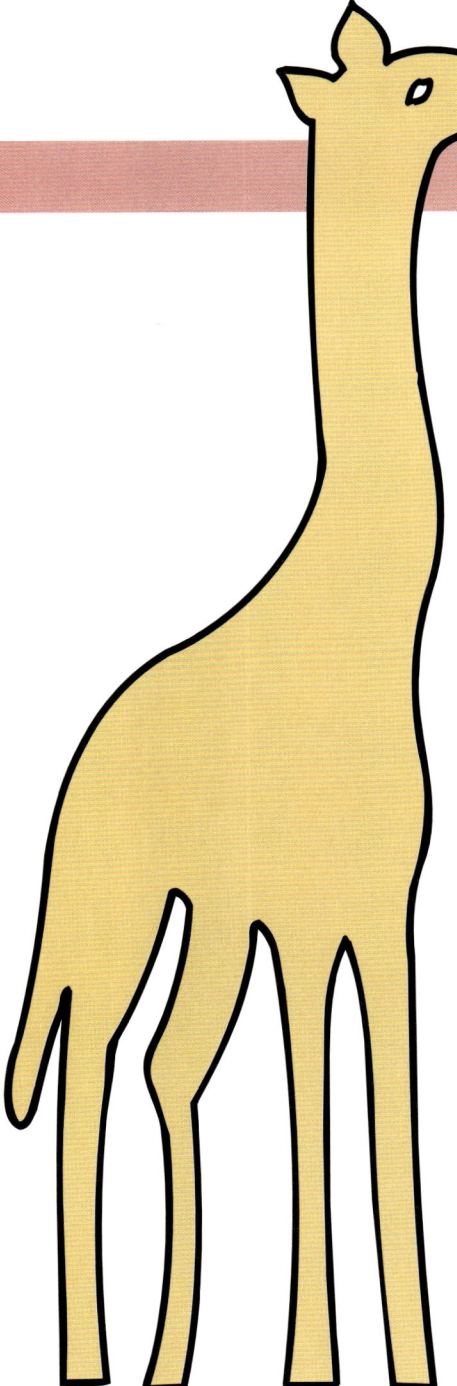

Giraffen

MATERIAL
1 Bogen Tonkarton in Braun
1 Bogen Tonkarton in Beige oder Hellbraun
1 Bogen Tonkarton in Grün

HILFSMITTEL
Cutter
Schere
schwarzer Filzstift
Klebstoff

Motiv 9 auf Vorlagenbogen 1A

ANLEITUNG
Schneiden Sie den Baum mit der Basis einmal aus dunkelbraunem Tonkarton. Wiese und Blattwerk werden aus doppelt gelegtem Tonpapier geschnitten, ebenso die Giraffen.
Kleben Sie nun die Blattwerkteile nach der angegebenen Numerierung sich deckend auf die Äste. Befestigen Sie als nächstes die Giraffen so, daß sie mit den Blättern und der Basis Kontakt haben. Über die Basis kleben Sie die Wiesenteile. Zeichnen Sie Augen, Nasen und Ohren nach der Zeichnung im Vorlagenbogen ein.

Pinguine

MATERIAL
Tonkarton in Weiß
Tonpapier in Hellblau und Schwarz

HILFSMITTEL
Cutter
Schere
hellblauer Buntstift
schwarzer und gelber Filzstift
Bürolocher

Motiv 10 auf Vorlagenbogen 1B

ANLEITUNG
Schneiden Sie die Grundform der Pinguine aus einem weißen Tonkartonbogen. Für das Wasser nehmen Sie einen halben, in der Länge geteilten Bogen Tonpapier und falten diesen längs doppelt. An die Faltkante legen Sie die gerade Linie der Wasserschablone. Wenn Sie die gezackte Oberkante des Wassers ausgeschnitten haben, schneiden Sie diese Teile nicht auseinander, sondern schieben die Pinguinunterkante in die Falte hinein und kleben sie fest. Mit einem hellblauen Buntstift zeichnen Sie die Kanten der Eisschollen nach, wie sie in der Abbildung sichtbar sind. Vervollständigen Sie die Pinguine mit den schwarzen Formteilen. Dabei sind die stehenden Pinguine von links nach rechts durchnumeriert (Nr. 1, 2, 3, 2, 4). Beim Aufkleben dieser Teile sollten Sie das Fensterbild immer wieder gegen das Licht halten, damit die schwarzen Teile wirklich deckungsgleich sitzen. Den eintauchenden Pinguin (5) fertigen Sie zweimal an und kleben ihn auf die vorgesehene Stelle. Nun bemalen Sie die Oberseite der Schnäbel mit einem schwarzen und die Unterseite der Schnäbel mit einem gelben Filzstift. Mit einem dünnen schwarzen Filzstift zeichnen Sie eine Kontur (Umrißlinie) um den gelben Schnabelteil. Weiße Locherpunkte markieren die Augen.

Elefant und Seehund

MATERIAL
Tonkarton in Grau
Tonpapier in drei Rot-, zwei Gelb- und vier Blautönen

HILFSMITTEL
Cutter
Schere
Klebstoff
Klebeband

Motiv 11 auf Vorlagenbogen 1B

ANLEITUNG
Ganz schnell haben Sie diese beiden Tiere mit dem Cutter aus einem Bogen Tonkarton ausgeschnitten. Mehr Arbeit machen die Bälle, die Sie natürlich auch einfarbig aus Tonpapier kleben können.
Jedes Segment für die drei Bälle müssen Sie viermal ausschneiden. Legen Sie die Segmente für einen Ball erst aufeinander, und schieben Sie die Teile so lange hin und her, bis sie außen einen Kreis ergeben. Fixieren Sie diese Lage mit einem Stück Klebeband. Dann drehen Sie den Ball um und kleben ihn auf die graue Grundform. Korrigieren Sie die Ränder eventuell mit einer feinen Schere.
So verfahren Sie dann auch mit den beiden anderen Bällen.

36

Feuerdrache und Eisdrache

MATERIAL

Tonkarton, jeweils zwei Bögen in Rot und Blau
(oder jeweils einer in Übergröße)
Tonpapier in Mittel- und Hellblau
evtl. Buntstifte

HILFSMITTEL

Cutter

Motiv 12 auf Vorlagenbogen 1B

ANLEITUNG

Diese zwei Drachen machen allen Kindern Spaß!
Die Formen sind leicht mit dem Cutter zu schneiden
und regen sicher zu neuen Entwicklungen an. Viel-
leicht finden Sie für den Feuerdrachen auch noch eine
passende Verzierung, ähnlich wie beim Eisdrachen?
Bei diesen riesigen „Viechern" kleben Sie einfach zwei
Bögen Tonkarton aneinander oder besorgen sich im
Fachhandel Material in Übergrößen. Dann übertragen
Sie das Motiv mit Hilfe des Vorlagenbogens auf den
Tonkarton. Die Verzierungen aus Tonpapier
ausschneiden und aufkleben. Die Drachenmäuler ein-
schneiden oder anmalen.
Da diese Übergrößen in der Regel nur in Weiß zu
bekommen sind, werden Kinder am Bemalen dieser
Urzeittiere sicher viel Freude haben.

Lustige Kinder-

Kinderbaum

MATERIAL
Tonkarton in Dunkelbraun
Tonkarton in Hell- und Dunkelgrün
Reste in verschiedenen Farben
dicke, hellbraune Wollfäden
Rest Goldpapier

HILFSMITTEL
Cutter
Büroklammern
Nagelhautschere

Motiv 13 auf Vorlagenbogen 1B

ANLEITUNG
Für dieses Fensterbild brauchen Sie etwas mehr
Geduld und Zeit. Aber die Mühe lohnt sich!
Vorweg einige Tips und Hinweise: Bitte beachten Sie,
daß dieses Fensterbild erst auf der Vorderseite und
danach auf der Rückseite beklebt wird. Das erspart
Ihnen unnötiges Wenden. Hier ist es von Vorteil, wenn
Sie die doppelt benötigten Motivteile sortieren und
diese mit einer Büroklammer zusammenhalten, bis Sie
sie verwenden wollen.
Das Baumgerüst schneiden Sie aus einem Bogen
Tonkarton. Alle anderen Teile werden aus doppelt
gelegtem Tonpapier geschnitten. Dazu sollten Sie
lichtechtes Tonpapier benützen – falls Sie es im
Fachhandel bekommen können.

❶ Die Grundform der Kinder erhalten Sie, wenn Sie
Kopf, Hände und Füße so miteinander verbinden, daß
die Kleider diese Linien gut bedecken. Legen Sie am
besten zuerst die Einzelteile zur Platzbestimmung lose
auf den Baumstamm. Kleben Sie dann an den Stamm
aus braunem Tonkarton die aus zwei Grüntönen
ausgeschnittenen Blattwerkteile in der angegebenen
Reihenfolge von 1 (links unten beginnend) bis 10.
Achten Sie dabei auf die aus der Abbildung
ersichtlichen Stellen, wo die Blattwerkteile miteinander

Motive

A

B

C

bzw. mit dem Baum verbunden sind, und die die Stabilität erhöhen. In der Baumkrone muß für Kind C genug Platz bleiben, damit dieses einen Schritt zum Ast machen kann.

❷ Kleben Sie das Baumhaus in die große Astgabel.

❸ Hängen Sie an den zweiten Ast von links die Strickleiter.

❹ Kleben Sie an den unteren Ast rechts das Schaukelteil. Achten Sie darauf, daß die Katze über den Schaukelpunkten auf dem Ast Platz hat.

❺ Knüpfen Sie nun für Kind A ein Stück Wollfaden an den unteren Ast links. Auf diesen Faden kleben Sie die

Grundformen des Kindes A so gegeneinander, daß der Faden durch die Beine läuft. Kleben Sie die Grundform von Kind B auf die Strickleiter, und verfahren Sie genauso mit den Kleidungsteilen und mit den Haaren ebenso wie bei den Kindern A und B.

❻ Kleben Sie die Grundform von Kind C auf den höchsten Ast, so daß das Kind einen großen Schritt auf den nächsten Ast macht. Verfahren Sie mit den Kleidungsteilen und Haaren ebenso wie bei den Kindern A und B.

❼ Setzen Sie die Grundform von Kind D auf das Dach des Baumhauses, kleben Sie die Kleidungsstücke auf, und geben Sie dem Kind die Trompete in die Hand.

❽ Kleben Sie die Teile der Kinder E und F ins Baumhaus. Kind E bekommt einen Wollfaden in die Hand, an dessen Enden die Eimerteile festgeknotet bzw. aufgeklebt werden. Kleben sie den Eimer mit einer Ecke an den Stamm, damit der Wollfaden gerade hängt. Kind F kleben Sie Nähgarnfäden an, die zwischen die Ballonteile geklebt werden. Die Andeutung des Armes zeichnen Sie von der Hand ausgehend mit einem Stift ein.

❾ Auf die Schaukel kleben Sie zuerst die Grundform des Kindes G aufeinander und bekleiden es dann vollständig. Davor kleben Sie die Grundform des Kindes H und vervollständigen auch dieses mit Hose und Haaren.

❿ Das zweite und dritte Blattwerkteil verbinden Sie mit einigen Vogelformen.

MATERIAL
Tonkarton in Blau, Orange, Gelb
und Grün

HILFSMITTEL
Cutter
Nagelhautschere

ANLEITUNG
Diese lustigen Clowns wirken natürlich
auch einzeln. Sie passen jeweils genau
auf einen Bogen Tonkarton. Übertragen
Sie dazu die Form vom Vorlagenbogen
auf den Tonkarton.
Aufgrund der großzügig geschwungenen
Linien lassen die Clowns sich
weitgehend mit dem Cutter schneiden. Bei kleinen Rundungen – bei den
Augen und den Köpfen – könnte
Ihnen eine kleine Nagelhautschere
bessere Dienste leisten. Aus Papier- oder Kartonresten
schneiden Sie Scheiben, die Sie als Riesenkonfetti oder
Bälle zwischen die Clowns kleben können.

Motiv 14 auf Vorlagenbogen 2A

Kleine Welt

MATERIAL
1 Bogen Tonkarton in Orange

HILFSMITTEL
Cutter
Schere

Motiv 15 auf Vorlagenbogen 1B

ANLEITUNG
Übertragen Sie das Motiv mit Hilfe des Vorlagenbogens auf einen Bogen Tonkarton.
Sorgen Sie für eine genügend große Arbeitsfläche, damit Sie Ihr Werkstück bequem in die gewünschte Schneiderichtung drehen können.
Schneiden Sie erst alle kleinen Innenformen (Fenster etc.) aus, und arbeiten Sie dann die Konturen des Motivs.
Dieses Fensterbild müssen Sie an mehreren Stellen festkleben, damit keine Teile umklappen können.

Mädchen mit Enten

MATERIAL
1 Bogen Tonkarton in Grün
Tonpapier in Rosa, Schwarz und Weiß
Schrank- oder Geschenkpapier

HILFSMITTEL
Cutter
Schere
Klebstoff
Klebestift
Bürolocher

Motiv 16 auf Vorlagenbogen 2A

ANLEITUNG
Übertragen Sie die Wiese mit Hilfe des Vorlagenbogens auf den grünen Tonkarton, und schneiden Sie diese aus. Alle anderen Teile werden aus doppelt gelegtem Ton- und Geschenkpapier einmal ausgeschnitten. Kleben Sie die Teile für die Grundform des Mädchens sich deckend auf die Wiese. Kleben Sie Bluse und Rock auf; die Träger des Rocks müssen Sie dabei in der Länge angleichen. Denken Sie daran, das Geschenkpapier mit dem Klebestift zu befestigen, da Klebstoff leicht fleckig durchschlagen kann.
Ordnen Sie die Enten an, und kleben Sie diese fest. Vervollständigen Sie die Enten mit den weißen Formteilen, und kleben Sie Locherpunkte als Augen auf.

Pfützenkinder

MATERIAL
1 Bogen Tonkarton in Hautfarbe
Tonpapier und Geschenkpapier in beliebiger
Farbkombination

HILFSMITTEL
Cutter
Schere
Klebstoff
Klebestift

*Motiv 17 auf Vorlagenbogen 2A
und Motive auf Seite 59.*

ANLEITUNG
Schneiden Sie die Grundform einmal aus Tonkarton
und alle Bezugsteile einmal aus doppelt gelegtem Ton-
oder Geschenkpapier aus.
Bekleben Sie das Mädchen mit den sich jeweils
deckenden Teilen von Mantel, Kragen, Haaren und
Stiefeln.
Den Jungen bekleben Sie in gleicher Weise mit Hemd,
Stiefeln, Hose – die Träger müssen in der Länge ange-
glichen werden – und den Haaren. Nun vervollständi-
gen Sie den Schirm.
Denken Sie daran, daß Geschenkpapier mit einem
Klebestift verarbeitet werden muß, da Klebstoff leicht
fleckig durchschlagen kann.

Kinder als Clowns

MATERIAL
1 Bogen Tonkarton in Hautfarbe
Tonpapier in Grün, Rot, Blau, Violett, Schwarz, Gelb, Türkis, Rosa
kleingemustertes Geschenk- oder Schrankpapier

HILFSMITTEL
Cutter
Schere
brauner und roter Filzstift
Klebstoff
Klebestift

Motiv 18 auf Vorlagenbogen 2A

ANLEITUNG
Schneiden Sie die Grundform einmal aus Tonkarton aus. Alle anderen Teile werden einmal aus doppelt gelegtem Tonpapier geschnitten. Dazu kleben Sie die Grundform mit dem großen Schuh auf das Skateboard (Hose dabei einmal anlegen!); kleben Sie den verdeckten Schuh, anschließend Hose, Jacke, Kragen mit Schleife und zum Schluß die Haare an. Beim kleinen Clown kleben Sie zuerst die Bluse auf, deren unterer Ärmel nicht ganz zugeklebt werden darf, da noch die Hand auf dem Skateboard eingefügt werden muß.
Ergänzen Sie die Schuhe, nachdem Sie die Hose einmal angelegt haben, um den richtigen Sitz zu prüfen. Einen kleinen Kreis aus doppelt gelegtem Tonpapier können Sie als Pompon auf den unteren Schuh kleben. Kleben Sie nun die Hosenteile auf, dabei müssen Sie die Träger in der Länge angleichen. Es folgen die Haare, die Schleife und die Ärmelbündchen. Für letzteres geben Sie in einen gefalteten und wieder leicht geöffneten Streifen ein wenig Klebstoff, legen den Ärmel in die Falte, klappen den Streifen zu und schneiden den überstehenden Rand ab.
Kleben Sie die Teile für den Teller beidseitig sich deckend auf. Ergänzen Sie in derselben Weise die Katze und die Gläser. Diese sind nicht seitengleich, legen Sie die Formen daher erst einmal ohne Klebstoff an, damit Sie die richtigen Seiten aufeinanderkleben. Den Stock können Sie mit einem Filzstift anmalen.

Laternenumzug

MATERIAL
1 Bogen Tonkarton in Blau,
an der kurzen Seite um einen Streifen
von 10 cm in derselben Farbe verlängert

HILFSMITTEL
Cutter
Schere
Lochzange

Motiv 19 auf Vorlagenbogen 2A

ANLEITUNG
Sobald Sie das Motiv mit Hilfe des Vorlagenbogens auf den Tonkarton übertragen haben, schneiden Sie die Konturen einmal grob aus.
Beginnen Sie zunächst mit den Laternen. Bei der Sonne sollten Sie das Gesicht zuerst schneiden, damit Ihnen keiner der feinen Stege reißen kann. Eine kleine gebogene Nagelhautschere kann Ihnen bei den Rundungen die Schneidearbeit erleichtern. Mit den Laternen haben Sie den schwierigsten Teil der Arbeit geschafft!
Schneiden Sie alle Innenformen der Kinder wie Haare, Schals usw. Arbeiten Sie dann die Konturen zwischen den Kindern und Laternen, ehe Sie als letztes die Außenlinie schneiden.
Mit der Lochzange bekommen die Martinsgans und der Hund jeweils ein Auge.

Blumen und Blüt

Winterlinge

MATERIAL
½ Bogen Tonkarton in Grün
Reste Tonpapier in zwei Gelbtönen
Klebstoff

HILFSMITTEL
Bleistift
Cutter
Schere
gelber Filzstift

Motiv 20 auf Vorlagenbogen 2A
und Motive auf Seite 58.

ANLEITUNG
Die Grundform aus dem Vorlagenbogen übernehmen,
und alle geraden Linien mit dem Cutter schneiden.
Die Rundungen lassen sich besser mit einer geboge-
nen, kleinen Nagelhautschere schneiden. Dazu das
Fensterbild vorsichtig in die Hand nehmen, da den
Rundungen auf diese Weise besser nachgegangen
werden kann.
Die verschiedenen, weit geöffneten Blüten jeweils aus
doppelt gelegtem Tonpapier arbeiten. Dabei wird der
hellere Innenteil bei jeder Blüte nur einmal gebraucht.
Die Teile, die zu einer Blüte gehören, erst einmal ohne
Klebstoff aneinanderhalten, damit sie dann wirklich
deckungsgleich geklebt werden können.
Ein helles Innenteil und ein dunkles Außenteil passend
zusammenkleben. Dies nun auf die entsprechende
Stelle in der Grundform kleben und auf der Rückseite
das zweite Außenteil deckungsgleich befestigen.
In die weit aufgeblühten Blüten mit einem gelben
Filzstift Punkte als Staubgefäße zeichnen.

Motiv 21

Motiv 20

Motiv 17

Gänseblümchen

MATERIAL
$1/2$ Bogen Tonkarton in Grün
Reste Tonpapier in Weiß und Gelb
Klebstoff

HILFSMITTEL
Bleistift
Cutter
Nagelhautschere
Wasserfarbkasten
Deckweiß
Pinsel

Motiv 21 auf Vorlagenbogen 2A
und das Motiv auf Seite 58 oben links.

ANLEITUNG
Die Grundform mit Hilfe des Vorlagenbogens auf den Tonkarton übertragen.
Mit dem Cutter zuerst die Innenschnitte in die Blätter schneiden, daran anschließend alle anderen Schnittlinien und als letztes die beiden langen Stengel. Die kleinen Rundungen der Blütenblätter lassen sich besser mit der Schere arbeiten.
Blütenformen und Staubgefäße jeweils doppelt aus Tonpapier schneiden und wie aus der Abbildung ersichtlich aufkleben. Dabei muß bei Lichteinfall kontrolliert werden, ob die Teile wirklich deckungsgleich aufeinanderliegen, da das weiße Material durchscheinend ist.
Mit roter Wasserfarbe und Deckweiß einen zarten Rosaton mischen. Von der Rundung der einzelnen Blütenblätter ausgehend mit einem dünnen Pinsel wenig (!) Farbe aufnehmen und einige zarte Linien aufmalen.
An der geschlossenen Blüte können mit derselben Farbe die beiden Linien rechts und links neben den Staubgefäßen ergänzt werden.

Tulpenstrauß

Material
1 Bogen Tonkarton: Grün
1/2 Bogen Tonpapier: Hellbeige
Tonpapier- und Tonkartonreste in vielen Farbtönen
1 Bogen Tonkarton für Schablonen
Klebstoff

HILFSMITTEL
Bleistift
Cutter
Schere

Motiv 22 auf Vorlagenbogen 2A

ANLEITUNG
Mit Hilfe des Vorlagenbogens von den benötigten Teilen Schablonen anfertigen. Die halbe Stielschablone an der Bruchkante umklappen und zu einem ganzen Stielbündel ergänzen.
Alle Blütenformen aus doppelt gelegtem Material arbeiten. Für das vorgesetzte Blütenblatt einen geringfügig anderen Farbton wählen. Beim Schneiden alle Teile numerieren.
Eine Seite der Grundform mit Tulpen bekleben, wobei die Überlappungen aneinander festgeklebt werden.

Das gibt dem Fensterbild Stabilität. Die farbig zusammengehörigen Blütenblätter aufkleben, die besonders dann dem Fensterbild eine leicht plastische Wirkung geben, wenn sie nur an einem Längsstreifen in der Mitte und nicht am ganzen Rand festgeklebt sind.
Den Tulpenstrauß umdrehen und die zugehörigen Blütenblätter deckungsgleich aufkleben (dabei die Numerierung beachten!). Den Strauß mit den vorgesetzten Blütenblättern ergänzen.
Vier große Blätter auf der Vorder- und Rückseite am Stielende und sechs kleine Blätter beidseitig in die entstandenen Lücken verteilen und festkleben. Diese kleinen Blätter müssen nicht deckungsgleich geklebt werden.
Die Vase doppelt aus Tonpapier schneiden. Da die helle Farbe lichtdurchlässig ist, ist es empfehlenswert, die Vasenform zusätzlich aus grünem Tonkarton – allerdings allseitig etwas kleiner als die weißen Vasenteile – auszuschneiden und als Lichtschutz zwischen die hellen Vasenteile zu kleben. So kann das Straußende nicht mehr durchscheinen.
Zwei keine Blätter vorne und hinten vom Strauß herausfallend auf die Vase kleben, indem sie mit einer kleinen Falte am Vasenrand eingeklebt werden. Wenn die Blätter lose auf der Vase hängen, wirken sie plastischer.

Tip:
Sind die benötigten Farbtöne nicht vorhanden, läßt sich dieser Strauß auch gut einfarbig, z. B. Ton in Ton mit zwei Gelbtönen, arbeiten.

Motive für Frühling und Ostern

MATERIAL
$^1/_2$ Bogen Tonkarton in Grün
1 Bogen Tonkarton in Braun
farbige Tonpapierreste
Rest Tonpapier in Mittelbraun
Klebstoff

HILFSMITTEL
Bleistift
Cutter
Schere

*Motiv 23 auf Vorlagenbogen 2A
und Motive auf Seite 66 und 67.*

ANLEITUNG
Die Wiese und die Hasen einmal aus Tonkarton
zuschneiden. Dabei die Verbindung Hasenohr und
Hasenarm zuletzt ausschneiden. Den großen und den
kleinen Hasenarm jeweils zweimal aus Tonkarton
ausschneiden.
Die Kiepen und die Eier aus doppelt gelegtem
Tonpapier schneiden. Je ein Kiepenteil an den
zugehörigen Hasen kleben. Eier in der Kiepenöffnung
anordnen und festkleben. Die zweiten Kiepenteile
deckungsgleich auf den ersten befestigen.
Die zusätzlichen Arme aufkleben. Dabei beim kleinen
Hasen das große Ei einfügen. Bei heller Eifarbe im
Lichteinfall kontrollieren, ob sich die beiden Arme
decken. Falls nötig, die Ränder der Arme noch einmal
mit der Schere nachschneiden, da hier drei Lagen
Tonkarton übereinanderliegen.
Die Hasen so in die Wiese kleben, daß die Füße einmal
vor und einmal hinter der Wiese liegen. Einige doppelt
geschnittene Eier auf der Wiese verteilen.

Motiv 23

Kükenfries

MATERIAL
1 Bogen gelber Tonkarton in Überlänge (70 x 100 cm)

HILFSMITTEL
Bleistift
kleine gebogene Nagelhautschere
Cutter

Motiv 24 auf Vorlagenbogen 2A

ANLEITUNG
Tonkarton in der Länge teilen. Auf eine Hälfte das Muster aus dem Vorlagenbogen übertragen.
Das Bild erst einmal grob ausschneiden. Dann den Streifen in die Hand nehmen, das Ende baumeln lassen und mit der Schere erst die Oberkante, anschließend die Unterkante der Form ausschneiden.
Die Rundungen der Küken lassen sich am besten mit einer kleinen gebogenen Nagelhautschere schneiden. Die Schere weit geöffnet am Beginn des Bogens ansetzen und schließen, während die gerundete Form in die Klingen hineingedreht wird. Die geraden

Zwischenräume mit dem Cutter schneiden, die
Rundungen sowie die Augen wieder mit der Schere
arbeiten.
Das ausgeschnittene halbe Fensterbild als Schablone
benützen und auf der zweiten Tonkartonhälfte noch
einmal aufzeichnen. Eine 1,5 cm breite Klebekante
einplanen, die später beide Teile verbindet. Nachdem
die zweite Hälfte genauso geschnitten ist, werden die
beiden Teile aneinandergeklebt.

Hühnernest

MATERIAL
Tonkarton in Hell- und Dunkelgrün und in Gelb
Tonpapier in unterschiedlichen Gelbtönen und Weiß

HILFSMITTEL
Schere
Cutter
Klebstoff
roter Filzstift

Motiv 25 auf Vorlagenbogen 2B

ANLEITUNG
Übertragen Sie die Formen von Hahn und Henne vom Vorlagenbogen auf Tonkarton. Die Wiese wird aus doppelt gelegtem Tonkarton ausgeschnitten. Die Unterkante der Wiese besteht aus einem Falz, der nicht durchgeschnitten werden darf. Ordnen Sie zwischen den Wiesenteilen Huhn und Hahn sowie die Tulpen an. Diese werden einzeln aus Tonkarton geschnitten und dann angeklebt – mit Ausnahme der beiden Tulpen zwischen Hahn und Henne: Die doppelt gelegten Blüten aus Tonpapier werden von vorne und hinten auf die Stengel und teilweise auf Huhn und Hahn geklebt. Versuchen Sie auch diesmal, alle Elemente miteinander zu verbinden, damit nichts aus dem Bild herausklappen kann.
Schneiden Sie die Formen für das Ei und die Küken aus Tonpapier aus. Verteilen Sie das Ei und die Küken auf beiden Seiten, und malen Sie dann mit einem roten Filzstift Schnäbel und Füße.

Hasennest

MATERIAL

Tonkarton in Hell- und Dunkelgrün und in
verschiedenen Brauntönen
Tonpapier in Gelb, Orange und Weiß

HILFSMITTEL

Schere
Cutter
Klebstoff

Motiv 26 auf Vorlagenbogen 2B
und Wiesenteil von Motiv 25.

ANLEITUNG

Bei diesem Fensterbild wird die Wiese aus doppelt
gelegtem Tonkarton ausgeschnitten. (Das Schnitt-
muster finden Sie beim Hühnernest.) Die Unterkante
der Wiese besteht aus einem Falz, der nicht durchgeschnitten werden darf. Kleben Sie zwischen die
beiden Wiesenteile die Hasen und die Osterglocken.
Schneiden Sie nun die Hasen aus Tonkarton in
unterschiedlichen Brauntönen. Die Blumenstengel
werden ebenfalls aus Tonkarton gearbeitet, die Blüten
und die Eier aus doppelt gelegtem Tonpapier.
Damit nichts aus Ihrem Fensterbild herausklappen
kann, sollten Sie die Hasen und Osterglocken so
arrangieren, daß sich überall Verbindungen ergeben.
Verzieren Sie das Nest zuletzt beidseitig mit einigen
Eiern und dem kleinen Hasen.

Lämmchen am Zaun

MATERIAL
1 Bogen Tonkarton in Braun
1 Bogen Tonkarton in Grün
1 Bogen Cansonpapier in Weiß
Tonpapierreste in Grün und in zwei Gelbtönen
Klebstoff

HILFSMITTEL
Bleistift
Cutter
Schere
Lochzange

*Motiv 27 auf Vorlagenbogen 2B
und Motive auf Seite 77.*

ANLEITUNG
Den Zaun einmal aus Tonkarton ausschneiden. Alle anderen Teile werden doppelt benötigt, auch die Wiese, die mit einem scharfen Cutter gleich doppelt aus dem Tonkarton ausgeschnitten werden kann.
Alle Teile erst einmal ohne Klebstoff zusammenlegen, damit die richtigen Abstände erkannt werden können.
Den Zaun zwischen die Wiesenteile kleben.
Die Löwenzahnteile – sich deckend – an einem Zaunpfahl befestigen. Wenn die Zähnchen der inneren Blüte nicht festgeklebt, sondern etwas hochgebogen werden, entsteht eine leicht plastische Wirkung.
Das Schäfchen wird aus strukturiertem Cansonpapier gearbeitet. Es ist darauf zu achten, daß die Struktur an den Außenflächen sichtbar ist. Das Ohr beidseitig mit der nicht strukturierten Seite nach außen ergänzen; so ist es besser sichtbar.
Tip: Denken Sie daran, daß weißes Material lichtdurchlässig ist. Deshalb müssen die Teile sich deckend im Lichteinfall geklebt werden.

76

Motive für Advent und Weihnachten

MATERIAL
2 Bogen Tonpapier in Dunkelbraun
1 Bogen Tonpapier in Mittelbraun
Tonpapierreste in Rot, Hellbraun, Weiß und in zwei Grüntönen
Tipp-Ex oder Deckweiß und Pinsel
Klarsichtfolie
Klebestift

HILFSMITTEL
Cutter
Schere
Buntstift in Braun
Hefter

*Motiv 28 auf Vorlagenbogen 2B
und Motive auf Seite 76.*

ANLEITUNG
Heften Sie zwei Bogen dunkelbraunes Tonpapier zusammen. Übertragen Sie darauf mit Hilfe des Vorlagenbogens den Rahmen des Fensterbildes, und schneiden Sie diesen doppelt aus. Arbeiten Sie erst alle Innenformen, zuletzt den äußeren Kreisrand. Kleben Sie auf die vorgezeichnete Seite einen Teil der doppelt ausge-

schnittenen Form für den Schnee und auf diese einen genügend großen Kreis aus Klarsichtfolie. Nun muß die zweite Form für den Schnee deckungsgleich mit der ersten auf der Folie befestigt werden. Legen Sie darauf den zweiten Rahmen passend auf. Stückweise können Sie den Rahmen anheben und festkleben. So vermeiden Sie Unsauberkeiten.

Arrangieren Sie die Hasen, die wie alle anderen Teile aus doppelt gelegtem Tonpapier geschnitten werden, zunächst ohne Klebstoff im Rahmen. Sobald Sie die richtige Position gefunden haben, kleben Sie diese Teile fest. Die Gegenstücke werden deckungsgleich von der Rückseite aufgeklebt. Verfahren Sie genauso bei den Schneeflocken, Blättern, den Ohren und Augen der Hasen sowie den Schleifen. Vergessen Sie nicht die Vorderpfote des aufgerichteten Hasen, die auf beiden Seiten des Bildes aufgeklebt wird.

Mit einem braunen Buntstift, der von der Farbe des mittelbraunen Tonpapiers möglichst wenig abweichen sollte, zeichnen Sie die Schenkellinien, die Pfötchen und Näschen wie aus der Abbildung ersichtlich ein. Die einfachste Möglichkeit der Darstellung von Schneeflocken sind kleine Pünktchen, die mit Tipp-Ex auf eine Seite der Folie aufgetragen werden. Natürlich können Sie auch Deckweiß mit einem Pinsel tupfenweise auftragen.

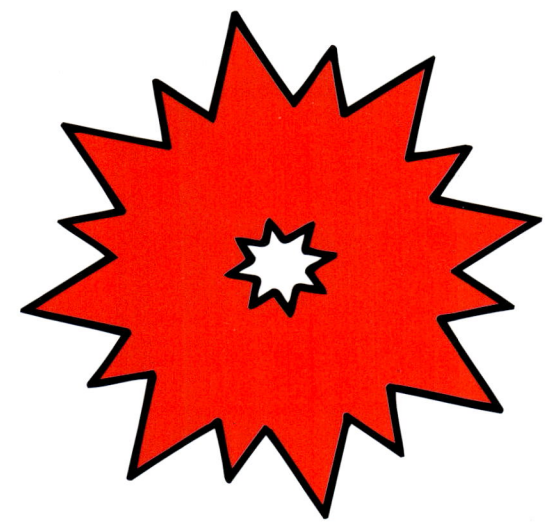

MATERIAL
Tonpapier in Rot und Grün

HILFSMITTEL
Cutter
Nagelhautschere
Lochzange

Motiv 29 auf Vorlagenbogen 2B

ANLEITUNG
Bei den Motiven der folgenden Seiten haben Holz-schnitzereien aus dem Erzgebirge Modell gestanden. Sie können die Teile anordnen, wie auf den Abbildungen vorgeschlagen oder auch einen weihnachtlichen Fensterfries gestalten.
Übertragen Sie die Motive vom Vorlagenbogen, dann schneiden Sie bei den zunächst grob zugeschnittenen Figuren das Innere mit dem Cutter aus. An den Stellen, an denen Ihnen die Rundungen zu eng werden, nehmen Sie eine Nagelhautschere. Einige Löcher können Sie mit der Lochzange anbringen. Als letztes schneiden Sie dann die Umrißlinie.

ANLEITUNG

Wie vielseitig diese Motive einsetzbar sind, können Sie auch auf Seite 14 sehen. Mit den Weihnachtsketten können Sie riesige Fenster dekorieren, im Aufwind der Heizung bewegen sich die Figuren dann zart. Möglich wäre es auch, diese Ketten im Treppenhaus zu spannen und so eine Art Vorhang zu schaffen.

MATERIAL
Tonpapier in Weiß, Rot, Grün
grüner Wollfaden

HILFSMITTEL
Schere
Klebstoff

Motiv 30 auf Vorlagenbogen 2B

Übertragen Sie die Motive vom Vorlagenbogen. Wenn Sie möchten, können Sie sich eine Schablone aus Pappe anfertigen. Danach schneiden Sie sich einen genügend großen Vorrat an Figuren aus und kleben jeweils zwei gleiche Teile gegeneinander in der von Ihnen gewünschten Reihenfolge auf einen ausreichend langen Wollfaden.

Weihnachtsbären

MATERIAL
1 Bogen Tonkarton in Dunkelbraun
1 Bogen Tonkarton in Rot
Tonpapier in Weiß, Beige, Hellbeige und Grün
Goldsternchen
Klebstoff

HILFSMITTEL
Schere
Cutter
schwarzer Filzstift
hellbrauner Buntstift

Motiv 31 auf Vorlagenbogen 2B

ANLEITUNG
Für die Bären schneiden Sie die Grundform einmal aus
Tonkarton aus. Alle anderen Teile müssen aus doppelt
gelegtem Tonpapier geschnitten und deckungsgleich
aufgeklebt werden. Eine Ausnahme bilden die Tannen-
bäumchen sowie Stern und Glocke, die in einem
kleinen Schlitz in der Bärenpfote stecken oder
zwischen die Sackteile geklebt werden.

STEHENDER BÄR
Kleben Sie zuerst die Mantelteile
deckungsgleich auf die Grundform.
Befestigen Sie das Gesicht so tief,
daß es vom Schal berührt wird.
Kleben Sie zuerst das rote
Mützenteil auf, und ergänzen Sie
es mit Pelzbesatz und Bommel.
Kleben Sie die Sackteile mit einem

Zipfel an die Bärenpfote, damit der Sack besser befestigt ist, und mit der Rundung an die Mantelecke.
Das Bäumchen steckt zwischen den Sackteilen, der
Flicken klebt beidseitig und ist mit Filzstrichen
„aufgenäht". Ein Band vervollständigt den Sack. Den
Stern aus Goldkarton stecken Sie in einen Schlitz an
der anderen Pfote. Das Gesicht können Sie mit
schwarzem Filzstift anmalen. Dann setzen Sie
Sternenknöpfe auf den Mantel.

SITZENDER BÄR
Kleben Sie auch bei diesem Bären zuerst die Mantel-
teile deckungsgleich auf die Grundform. Befestigen
Sie den Schal so, daß einige Spitzen mit dem Mantel
Verbindung haben. Füllen Sie die Manteltaschen mit
Brezel, Sternchen und Lebkuchen, bevor Sie diese auf
den Mantel aufkleben. Glocke und Tanne stecken in
Schlitzen an den Bärenpfoten. Nun fehlt nur noch das
Ohr sowie Nase und Auge, die erst angeklebt und
dann mit einem schwarzen
Filzstift bemalt werden.

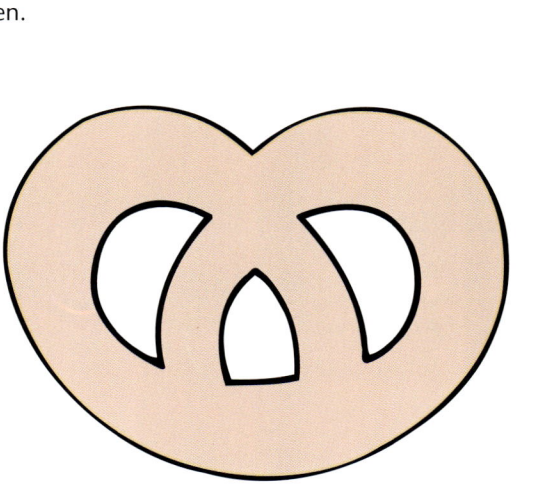
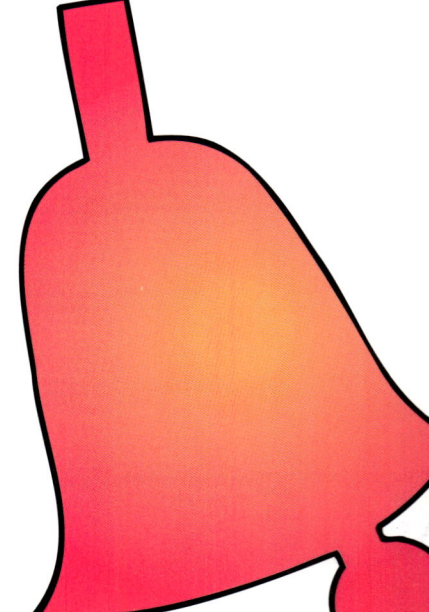

Kerzenkette

MATERIAL
1 Bogen Tonkarton in Überlänge oder 2 Bogen
Tonkarton in Blau
Tonpapier in Gelb

HILFSMITTEL
Schere
Cutter

Motiv 32 auf Vorlagenbogen 2B

ANLEITUNG
Auf den überlangen Tonkarton passen zwei Kerzenketten. Wenn Sie mit dem Normalformat 50 x 70 cm
arbeiten, müssen Sie Ihren Bogen in Längsrichtung um
10 cm (plus Klebekante) erweitern; auch aus diesem
Format können Sie zwei Kerzenketten arbeiten. Sobald
Sie die Vorlage vom Vorlagenbogen übertragen haben,
können Sie alle Schnitte mit dem Cutter arbeiten.
Wenn Sie mit dem Cutter noch nicht so sicher umge-
hen, setzen Sie bei den Rundungen die Schere ein.
Eine weihnachtliche Wirkung erzielen Sie, wenn Sie
noch einige Sterne aus gelbem Tonpapier ausschneiden und dazu dekorieren. Einige Vorlagen zu
Sternformen finden Sie auf Seite 88. Sie haben nun
zwei Variationsmöglichkeiten: Kleben Sie einen kleinen
Stern mit seinen sechs Spitzen so auf einen großen
Stern, wie Sie es auf der Abbildung rechts erkennen
können. Die zweite Form erhalten Sie, wenn Sie zwei
kleine bzw. zwei große Sterne versetzt aufeinanderkleben. Der Kontrast mit den verschiedenen Stern-
innenformen wirkt besonders gut.

HILFSMITTEL
Cutter
Schere
Hefter (ersatzweise Büroklammern)

Motiv 33 auf Vorlagenbogen 2B

ANLEITUNG
Schneiden Sie die Grundform der Tanne einmal aus
grünem Tonkarton aus. Die Kerzen und die Kerzen-
flämmchen schneiden Sie aus doppelt gelegtem Tonpapier und kleben diese deckungsgleich auf die Tan-
nenspitzen. Den Stern und die Schleifen schneiden Sie
aus doppelt gelegtem Goldpapier und kleben die Teile
mit wenig Klebstoff an den vorgesehenen Stellen auf.
Wenn Sie die Schleifen aus Regenbogen-Buntpapier arbeiten wollen, entrollen Sie das Material, falten es über
die Längsseite so, daß die Farbe innen liegt und bügeln
es einmal bei geringer Temperatur, damit es sich nicht
mehr zusammenrollt. Zeichnen Sie mit Hilfe der Schablone mehrere Schleifen auf die Materialstücke mit dem
interessantesten Farbverlauf. Nehmen Sie den Farbverlauf nicht zu einheitlich, denn Farbkontraste wirken
besser. Damit Sie die Schleifen jeweils doppelt ausschneiden können, klammern Sie sich die Teile mit
einem Hefter zusammen, oder befestigen Sie diese mit
Büroklammern so aneinander, daß sie nicht verrutschen können. Die Dekoration eines Weihnachts-
baumes läßt sich in vielerlei Farbkombinationen gestalten. Selbst aus kleingemustertem Geschenkpapier
können Schleifen ausgeschnitten werden, die wieder
ganz anders wirken.

MATERIAL
2 Bogen Tonkarton in
Grün
Tonpapier- und
Goldpapierreste in
beliebiger Farbe
1 Rolle Regenbogen-Buntpapier
Klebstoff

Weihnachtsmann mit Schlitten

MATERIAL

1 Bogen Tonkarton in Hautfarbe
Tonpapier in Schwarz, Rot, Weiß, Braun, Beige, Grün
und Blau
Geschenk- oder Schrankpapier
gestanzte Goldsternchen

HILFSMITTEL

Cutter
Schere
schwarzer Filzstift

*Motiv 34 auf Vorlagenbogen 2B
und Motive auf Seite 92 und 93.*

ANLEITUNG

Zeichnen Sie die Grundform mit Hilfe des Vorlagenbogens auf den Tonkarton, und schneiden Sie die Form erst einmal grob aus.
Die Stelle zwischen der Nikolaushand, dem Teddy und dem Schlittenanfang schneiden Sie bitte als letztes aus, um diese empfindliche Stelle zu schützen. Schneiden

Sie zuerst alle Innenflächen aus. Dann fangen Sie beim Schlitten an, schneiden über die Puppe und den Bären zum Nikolaus, an den Schlittschuhen vorbei und zuletzt das Band des Schlittens.
Alle Besatzteile werden doppelt aus Ton- und Geschenkpapier geschnitten. Kleben Sie alle Teile für den Nikolaus immer beidseitig sich deckend. Fangen Sie mit den Schlittschuhen an, kleben Sie den Mantel an, und lassen Sie dabei am Mützenrand für die Haare einen Streifen frei von Klebstoff.
Am Mantelende unten bleibt ein Teil der Grundform unbedeckt. An dieser Stelle ergänzen Sie das Teil für den Pelzbesatz. Kleben Sie zuerst das vordere kurze Pelzteil, das dann von dem gebogenen langen Pelzteil bedeckt wird. Kleben Sie die Haare unter die Mütze und den Pelzbesetz darauf. Ergänzen Sie Bart, Schnauzer und Armbesatz.
Kleben Sie am Schlitten erst die Pakete mit den dazugehörigen Dekorationen entsprechend auf. Wenn Sie das Puppenkleid aufkleben, vergessen Sie nicht, die Hand unter den Ärmel zu kleben, und ergänzen Sie die Haarschleife. Bekleben Sie den Bär mit den zugehörigen Teilen, und malen Sie ihm mit einem schwarzen Filzstift Augen und Nase.

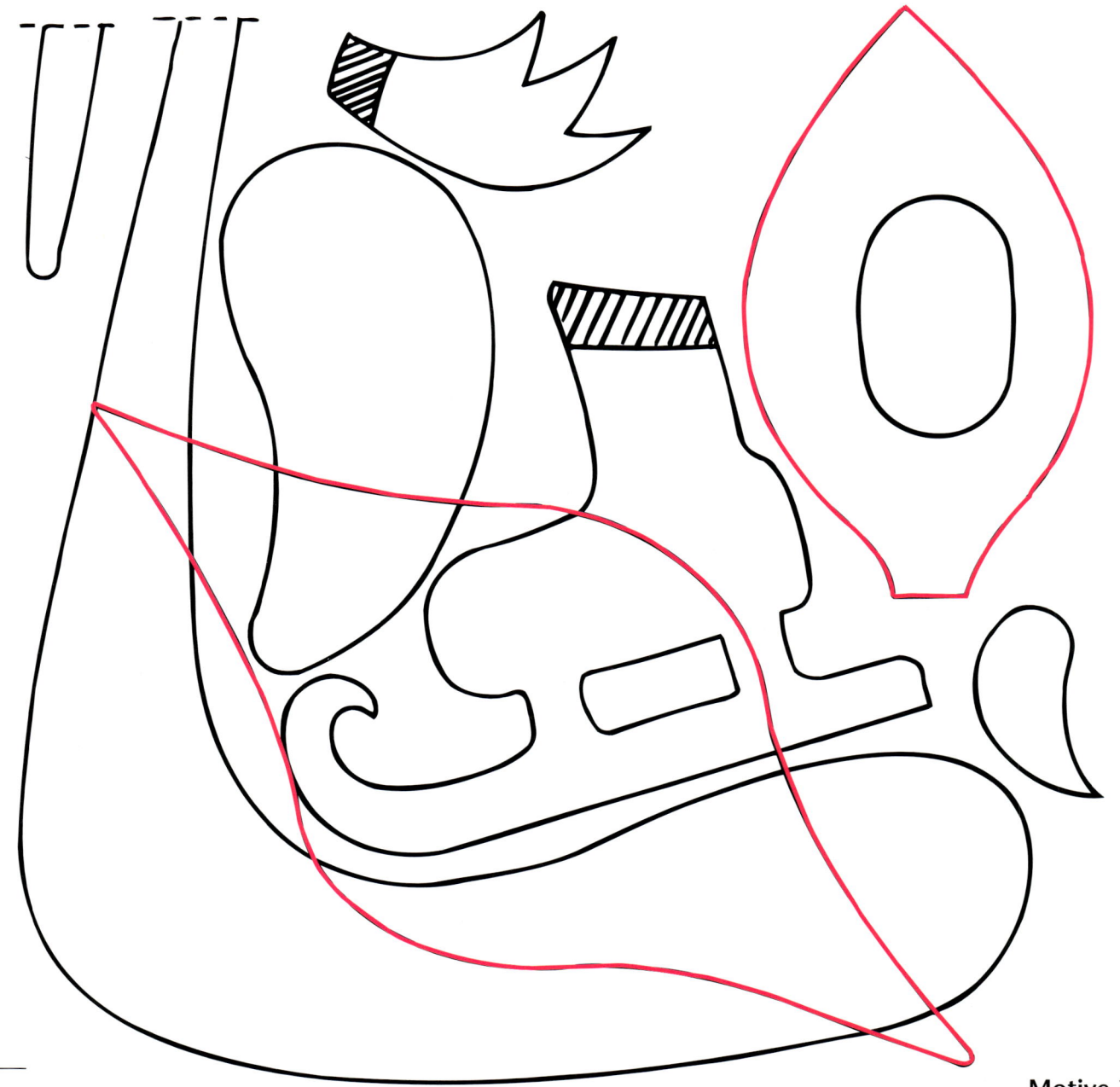

Motive 34

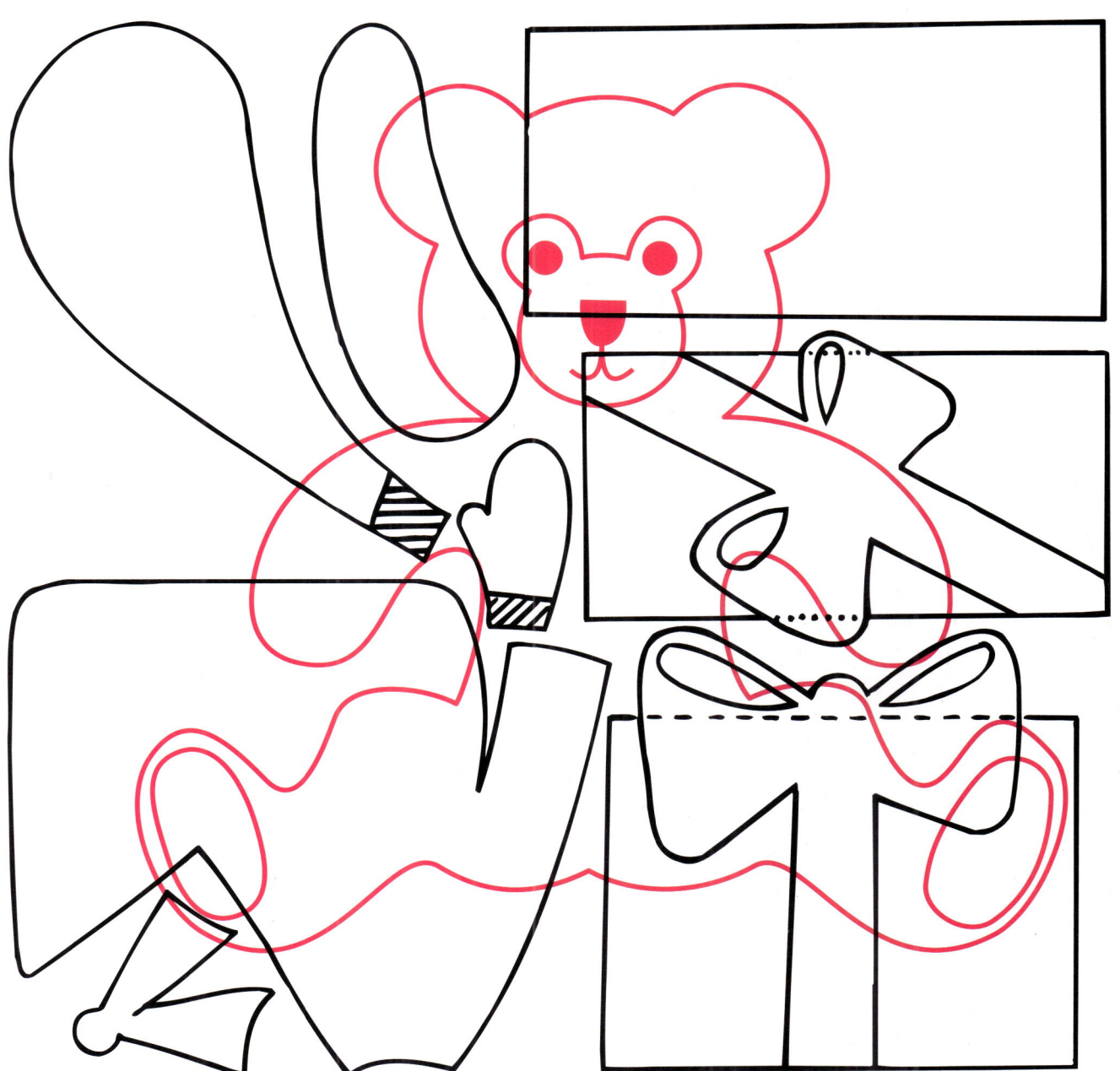

Hier zeigen wir Ihnen eine Auswahl unserer beliebten und
erfolgreichen Bücher - und wir haben noch viele andere im Programm.
Wir informieren Sie gerne,
fordern Sie einfach unsere Themenprospekte an:

◻ Bücher für Ihre Kinder:

Basteln, Spielen und Lernen mit Kindern

Wir sind für Sie da, wenn Sie
Fragen zu AutorInnen, Anleitungen
oder Materialien haben.
Und wir interessieren uns für Ihre
eigenen Ideen und Anregungen.
Faxen Sie, schreiben Sie oder
rufen Sie uns an.
Wir hören gerne von Ihnen!
Ihr Christophorus-Verlag

Bücher mit Ideen

Hermann-Herder-Straße 4
79104 Freiburg i. Breisgau
Telefon: 0761 / 2717-268 oder
Fax: 0761 / 2717-352

Eva Rüscher ist 1947 in Gummersbach im Oberbergischen Land (Nordrhein-Westfalen) geboren.
Sie ist ausgebildete Kunst- und Werklehrerein und arbeitet seit fast zwanzig Jahren in diesem Beruf.
Sie unterrichtet an der Realschule in Höxter und gibt Bastelkurse für Jugendliche und Erwachsene.

ISBN 3-419-52848-5

2. Auflage 1997

Bildnachweis:
Peter Nielsen, Umkirch: Seite 8 bis 25, 31 bis 55 und 79 bis 91
Ulrike Schneiders, Lindau: Seite 27, 29, 71, 73 und 81
Andreas Gerhardt, Bötzingen: Seite 59 bis 67 und 73

Reinzeichnungen: Uwe Stohrer, Freiburg
Umschlaggestaltung: Network!, München
Satz und Litho: Print Production, Umkirch
Druck: Proost, Turnhout

■ Bücher zum textilen Handarbeiten:

Sticken, Häkeln und Patchwork

■ Bücher für Ihre Hobbys:

Stoff- und Seidenmalerei, Malen und
Zeichnen, Keramik, Floristik

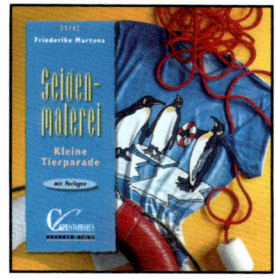

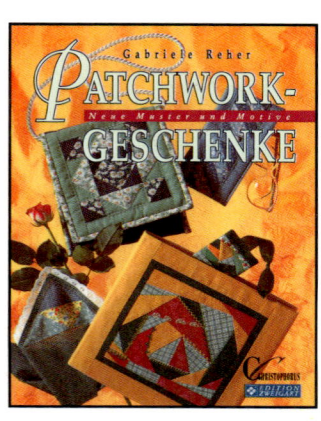